VENTE DU VENDREDI 7 DÉCEMBRE 1888

HOTEL DROUOT, SALLE N° 5

IMPORTANTE COLLECTION

DE

DESSINS

ET

AQUARELLES MODERNES

EXPOSITION PUBLIQUE

LE JEUDI 6 DÉCEMBRE 1888

DE 1 HEURE 1/2 A 5 HEURES 1/2

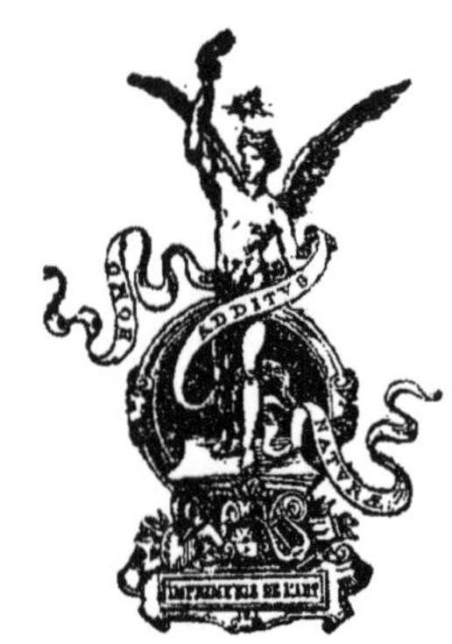

ADDITVS
IMPRIMERIE DE L'ART

CATALOGUE

D'UNE

IMPORTANTE COLLECTION

DE

DESSINS

ET AQUARELLES MODERNES

Par Barye, Detaille, Diaz, Fromentin, Gérôme
Guillaumet, Hébert, Jongkind, L. Leloir, Madeleine Lemaire
Adrien Marie, J. F. Millet
De Penne, Rosa Bonheur, Th. Rousseau, Voillemot

Fusains par Lhermitte

DONT LA VENTE AURA LIEU

HOTEL DROUOT, SALLE N° 5

Le Vendredi 7 Décembre 1888

A 2 HEURES 1/2

Par le Ministère de **M° LÉON TUAL**, commissaire-priseur

59, rue de la Victoire, 59

Assisté de **M. M. MALLET**, expert

13, rue du Helder, 13

EXPOSITION PUBLIQUE

Le Jeudi 6 Décembre 1888, de 1 heure 1/2 à 5 heures 1/2

CONDITIONS DE LA VENTE

La vente sera faite au comptant.

Les acquéreurs payeront *cinq pour cent* en sus des enchères, applicables aux frais.

Paris. — Imp. de l'Art, E. Ménard et Cⁱᵉ, 41, rue de la Victoire.

DÉSIGNATION

AIMÉ PERRET

1 — *Le Semeur.*

Dessin au crayon noir.

BARON

2 — *La Sérénade.*

Dessin aquarellé.

BARYE

3 — *Chasse au tigre.*

Dessin au crayon noir.

DE BEAUMONT

(É.)

4 — *Jeune Femme à sa toilette.*

Dessin à la plume.

BERGERET

5 — *Le Sommelier.*

Fusain.

BERGERET

6 — *La Récureuse.*

Fusain.

BLANCHARD

7 — *Un Canal, à Venise.*

Aquarelle.

BOGGS

8 — *Notre-Dame de Paris, la nuit.*

Fusain.

BOGGS

9 — *Un Coin de la Cité, la nuit.*

Fusain.

BONVIN

F.

10 — *Une Dame anglaise.*

Dessin d'après Hollar.

BUTIN

11 — *Retour de la pêche.*

Fusain.

BUTIN

12 — *Pêcheur à Villerville, la nuit.*

Fusain.

DAGNAN

13 — *Une Bretonne.*

Dessin à la plume.

DESGOFFE

(BLAISE)

14 — *Vase à couvercle.*

Dessin au crayon noir rehaussé de gouache.

DETAILLE

(E.)

15 — *Cavalier.*

Dessin au lavis.

DETAILLE

(E.)

16 — *Carabinier.*

Dessin à la mine de plomb.

DÉVÉ

17 — *Bords d'un étang.*

Dessin rehaussé.

DIAZ

18 — *Paysage.*

Aquarelle.

DUEZ

(E.)

19 — *Jeunes Femmes sur la plage de Villerville.*

Dessin à la plume rehaussé d'aquarelle.

FRANÇAIS

20 — *Paysage.*

Dessin à la plume.

FROMENTIN

21 — *Femme arabe en marche.*

Dessin au crayon noir rehaussé de blanc.

FROMENTIN

22 — *Paysage d'Algérie.*

Dessin au crayon noir rehaussé de blanc.

GARNIER

(JULES)

23 — *Louis XI dans son oratoire.*

Aquarelle.

GÉROME

24 — *Un Toréador.*

Dessin à la mine de plomb.

GIACOMELLI

25 — *Oiseaux et fleurs.*

Dessin au lavis.

GUILLAUMET

(G.)

26 — *Vue de Laghouat.*

Dessin au crayon noir rehaussé de blanc.

27 — *Femme arabe debout.*

Pastel.

GUILLAUMET

(G.)

28 — *Femme arabe réparant un burnous.*

Dessin au crayon noir.

29 — *Tisseuse arabe.*

Dessin au crayon noir rehaussé de blanc.

30 — *Femme arabe assise.*

Dessin au crayon noir.

31 — *Cardeuse.*

Dessin au crayon noir rehaussé de blanc.

32 — *Femme arabe debout filant.*

Dessin au crayon noir rehaussé de blanc.

33 — *Deux Arabes assis.*

Sanguine.
Étude pour le tableau : *la Noce arabe.*

GUILLAUMET

G.[1]

34 — *Fileuse arabe.*   200 / 92

Dessin au crayon noir rehaussé de pastel.

35 — *Femme arabe assise.*   200 / 140

Sanguine rehaussée de blanc.

36 — *Laveuse arabe.*   100 / 50

Dessin au crayon noir rehaussé de pastel.

37 — *Arabe tenant sa carabine.*   140 / 105

Sanguine.

38 — *Femme à la cruche.*   100 / 65

Dessin à la mine de plomb.

39 — *Laveuse arabe debout.*   100 / 60

Dessin à la plume et au crayon noir.

GUILLAUMET

(G.)

80 / 50

40 — *Intérieur arabe.*

Dessin au crayon noir.

25 / 125

41 — *Enfants jouant de la flûte.*

Dessin au crayon noir.

60 / 45

42 — *Femme arabe assise.*

Dessin au crayon noir rehaussé de blanc.

200 / 115

43 — *Femme arabe et enfant.*

Dessin au crayon noir.

150 / 105

44 — *Femme arabe debout.*

Dessin au crayon noir rehaussé de blanc.

100 / 62

45 — *Arabe couché.*

Dessin au crayon noir rehaussé de blanc.

HANOTEAU

46 — *Intérieur de bois ; effet de lune.*

Crayon noir.

HAWKINS

47 — *A la fontaine.*

Aquarelle.

HÉBERT

18 — *Le Baiser de Judas.*

Dessin du tableau appartenant au Musée du Luxembourg.

HÉBERT-STÉVENS

(Mme)

49 — *Fleurs.*

Aquarelle.

**

ISRAELS

50 — *Jeune Paysanne allant à l'église.*

Aquarelle.

JAMES BERTRAND

51 — *Baigneuse.*

Sanguine.

JONGKIND

52 — *Le Quartier des pêcheurs, à Anvers.*

Aquarelle.

JOURDAIN

(ROGER)

53 — *Petite Fille allant à l'école.*

Dessin à la plume.

LALANNE

(MAXIME)

54 — *Côtes de Bretagne.*

Fusain.

LAMI

(E.)

55 — *Une Altesse.*

Aquarelle.

LEBOURG

56 — *Jeune Fille lisant.*

Fusain.

LELOIR

(LOUIS)

57 — *Un Bretteur.*

Dessin à la mine de plomb.

LELOIR

(LOUIS)

58 — *Étude pour « Psyché », d'après Molière.*

Dessin.

59 — *L'Arbalétrier.*

Dessin au fusain.

60 — *Page florentin et dame romaine.*

Souvenirs d'Italie.
Aquarelles.

.61 — *Tête de femme florentine.*

Dessin au crayon noir, d'après L. de Vinci.

LEMAIRE

(Mme MADELEINE)

62 — *Tête de femme.*

Dessin à la plume.

LHERMITTE

63 — *Vieillard écrivant.*

Fusain.

64 — *Les Bûcherons.*

Fusain.

65 — *Les Tisserands.*

Fusain.

66 — *Le Pressoir.*

Fusain.

67 — *Le Fournil.*

Fusain.

68 — *La Provende des poules.*

Fusain.

LHERMITTE

69 — *La Herse.*

Fusain.

70 — *Les Vendanges.*

Fusain.

71 — *Le Teillage du chanvre.*

Fusain.

72 — *Un Bal champêtre, la nuit.*

Fusain.

73 — *Les Laveuses.*

Fusain.

74 — *L'École buissonnière.*

Fusain.

LHERMITTE

75 — *La Ferme ; effet de lune.*

Dessin à l'encre de Chine.

76 — *Cour de ferme, le soir.*

Dessin à l'encre de Chine.

77 — *Paysanne tressant une couronne.*

Dessin à l'encre de Chine.

78 — *Le Triage du blé.*

Dessin à l'encre de Chine.

79 — *La Fête au village.*

Dessin à l'encre de Chine.

80 — *Vignerons plantant de la vigne.*

Dessin à l'encre de Chine.

LHERMITTE

81 — *La Préparation du chanvre.*

Dessin à l'encre de Chine.

82 — *Le Lavoir communal.*

Dessin à l'encre de Chine.

UNE JOURNÉE D'ENFANT

Ensemble de vingt dessins au crayon noir
rehaussés de blanc par

MARIE

(ADRIEN)

83 — *Le Réveil.*   ∞

84 — *« Bonjour, maman ».*

85 — *Le Lever.*   ∞

MARIE

ADRIEN

86 — *Première Toilette.* ∞

87 — *Premier Déjeuner.*

88 — *Deuxième Toilette.* ∞

89 — *La Lecture.* ∞

90 — *Le Dessin.* ∞

91 — *L'Ami chat.* ∞

92 — *Le Piano.* ∞

93 — *Le Bain.*

94 — *Dans la baignoire.* ∞

95 — *Le Repos.*

MARIE

(ADRIEN)

96 — *Préparatifs de sortie.* ∞

97 — *En promenade.*

98 — *Le Goûter.* ∞

99 — *Récréation.* ∞

100 — *A table.* ∞

101 — *Le Coucher.* ∞

102 — *« Bonsoir, bébé ».*

MÉLIN

103 — *Chasse au cerf.*

Dessin rehaussé de gouache, sur papier salé.

MESDAG

104 — *Barques de pêche à marée basse, à Scheveningue.*

Lavis à l'encre de Chine.

MILLET

(J. F.)

105 — *Berger couché.*

Dessin au crayon noir.

MILLET

(J. F.)

106 — *Étude de femme nue d'après nature.*

Dessin au crayon noir.

OUVRIÉ

(JUSTIN)

107 — *Vue de l'église de la Roche, près Landerneau.*

Aquarelle.

PENNE

DE

108 — *Chiens de chasse.*

Aquarelle.

PILLE

109 — *Mercenaires.*

Dessin à la plume.

PILS

110 — *Artilleur à cheval.*

Aquarelle.

ROSA BONHEUR

111 — *Le Marché aux chevaux.*

Dessin. Signé en contrepreuve.

ROUSSEAU

(TH.)

112 — *Route dans la forêt de Fontaine-bleau.*

Dessin à la mine de plomb.

$\dfrac{50}{15}$

113 — *Pommiers dans la Plante à Biau (plaine de Barbizon).*

Dessin à la mine de plomb.

$\dfrac{50}{30}$

114 — *Un Coin de la vallée de la Solle.*

Dessin à la mine de plomb.

$\dfrac{60}{15}$

115 — *Lisière de la forêt de Fontaine-bleau, à Clairbois.*

Dessin au crayon noir.

$\dfrac{100}{30}$

116 — *Une Allée dans la forêt de Fon-tainebleau.*

Dessin à la plume.

$\dfrac{60}{55}$

ROUSSEAU

(TH.)

117 — *Allée de châtaigniers à Villebus-*
sière, en Berri.

Dessin au crayon noir.

118/— *Paysage dans le Berri.*

Dessin à la plume.

119 — *Le Village de Barbizon.*

Dessin à la mine de plomb, rehaussé d'aquarelle.

SARGENT

120 — *Canal, à Venise.*

Aquarelle.

VERNIER

(ÉMILE)

121 — *Barque de pêche en mer.*

Dessin au crayon, rehaussé de gouache.

VOILLEMOT

122 — *Le Printemps.*

Aquarelle en forme d'éventail.

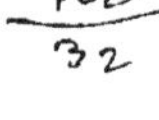

WASHINGTON

123 — *Fantasia arabe.*

Dessin à la plume et au lavis.

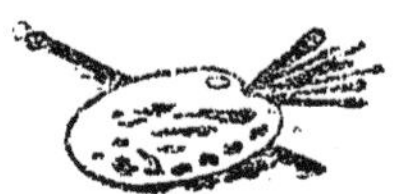

www.ingramcontent.com/pod-product-compliance
Ingram Content Group UK Ltd.
Pitfield, Milton Keynes, MK11 3LW, UK
UKHW031718170726
13836UKWH00001B/326